Akihiro Miwa

HANAKOTOBA

PARCO

花言葉

美輪明宏

花言葉　目次

カバー・本表紙画　美輪明宏
写真　御堂義乗
装丁・本文デザイン　坂井智明（ブランシック）
中島健作（ブランシック）

1 自分を輝かせるための言葉

人からパワーをもらいたいと思うのではなく、
人にパワーをあげたいと思うと、
泉のようにだんだん湧《わ》いてくるものです。

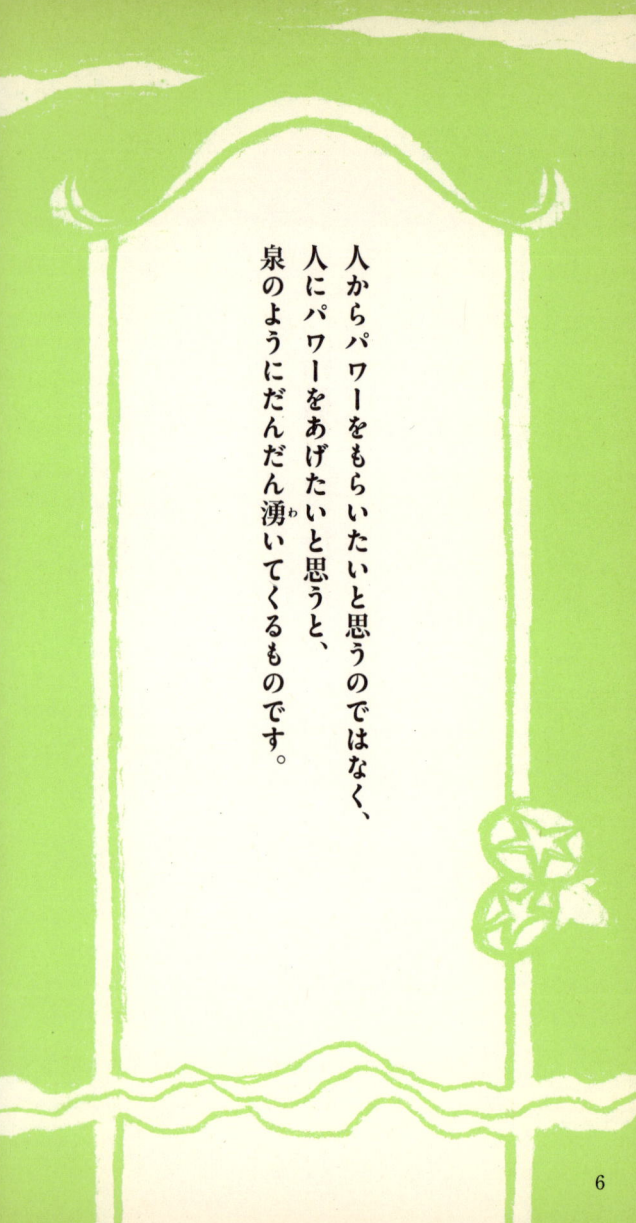

地獄極楽はあの世ばかりにあるのではなく、
自分の心の中にもあるのです。
同じ問題でも、見方、考え方を変えてみるだけで
地獄にも極楽にでもすることができるからです。

運が良くなりたければ、
微笑んでいれば良い。
人に優しくすれば良い。
思いやりと優しさが、運を開くのです。

幸せ不幸せは、
「あるか」「ないか」ではなく
その人が「感じるか」「感じないか」という基準で
存在したり、しなかったりするのです。

「青い鳥」はいつも自分の心の籠の中にいるのです。
でも自分の心の状態で
見えたり見えなかったりするのです。

幸せの状態は永遠に続かないもの。
しかし、その「幸せ」をいつでもどこでも
常に感じていられる方法が
ひとつだけあります。
それは感謝の気持ちを持つことです。
何でもいいから感謝することを探せばいいのです。

幸せになれる呪文を、ひとつだけ教えてあげましょう。
「ありがとうございます」
この言葉を口にすると、
言ったあなただけでなく、言われた人も、
そこに居合わせた人みんなの心が、
やさしくふんわり和《なご》みます。

家族と一緒に暮らせることに感謝。
健康であることにも感謝。
衣食住があることにも感謝。それができる自分にも感謝。
何でもいいから感謝することを見つけましょう。
どれだけ幸福かわかります。

幸せ不幸せは、
「どんなものを手に入れたか」では決して測れません。
「ああ、ありがたいな、幸せだな」と思える心がないかぎり、
何をどれほど手に入れようと不幸のままです。

今の世の中、自分はそれほど深刻な状態でもないのに、
何となく暗く重い気分になっています。
原因は取り越し苦労がほとんどです。
そんな時、それは必要ないことと見極め、割り切り、
明るい気分でいればいられることに気づきましょう。
嘘のように軽くスッキリとしてきます。

ライバルは憎いと思えばただの悪魔です。
負けるものかと発奮努力向上させてくれる
エネルギー源だと思えば、天使です。

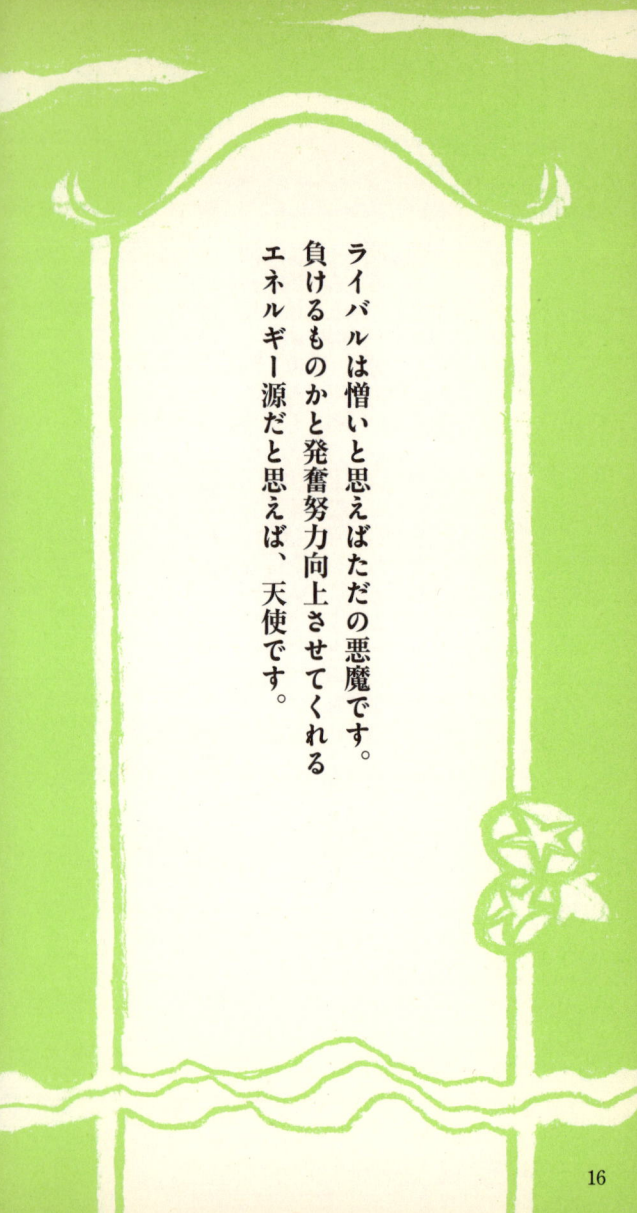

人からの幸せの「出前」はありません。
自分が食べたいものは何なのか、
好みや満足感は、
自分にしかわからないのですから。

悩んで落ち込んだ時、必要なのは理性。
邪魔なものは感情。その邪魔者を追い出してから、
理性だけで、原因をクールに分析して、
解決方法を見つける習慣をつけましょう。

自分を育てる親は自分。

育てられる子供も自分。

教える先生も、教わる生徒も自分自身。

「天《てん》は自《みずか》ら助《たす》くる者《もの》を助《たす》く」

「知識」はモノを知っているだけのこと。
コンピューターと同じです。
それを生活の中で活用するのが「教養」なのです。

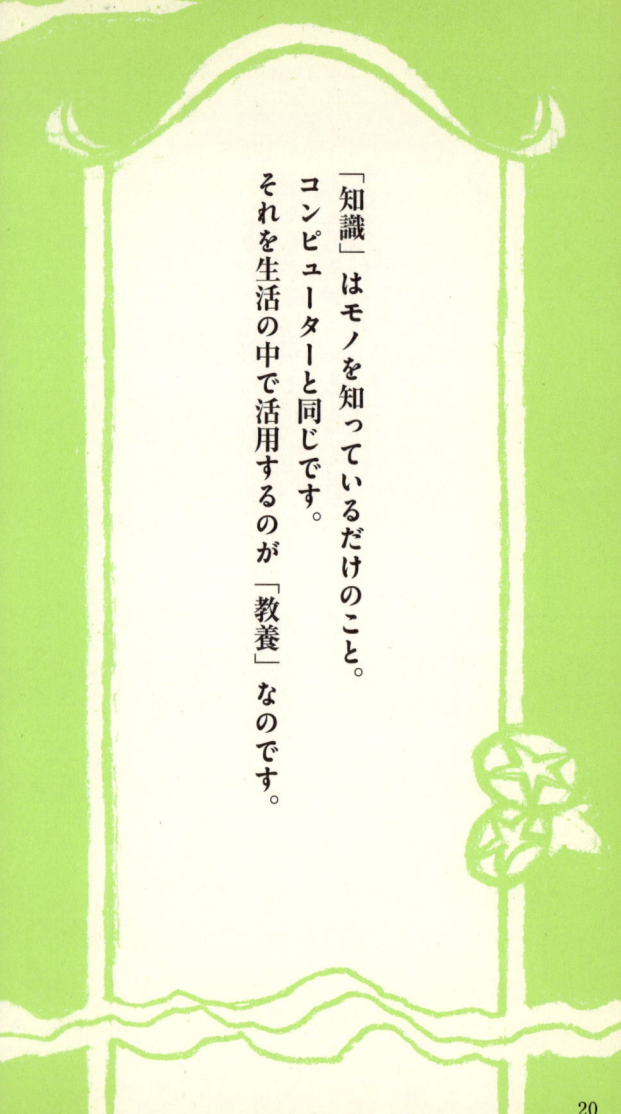

先のことを考えすぎると、
取り越し苦労をしたり、誇大妄想に陥《おちい》ったりして、
必ず人生を損します。
大切なことはひとつだけ。
明日の朝、もしも目が覚めなくても、
後悔しないと思える今日を送ればいいのです。

マイナス思考から抜け出すには
「自分はダメだから」と何でも決めつけず、
自然体であるがままでいましょう。
ケ・セラ・セラ……なるようになるものです。
本当は貴方は強いのだから。
今まで生きてきたのがその証拠です。

困った時に助けてもらえるのは、心が善良な優しい人。
傲慢《ごうまん》でわがままな人は、誰も助けたいとは思わない。
最後にものを言うのは人柄です。

弱い人は、自分を守るのに精一杯。
人に優しくする余裕がない。
自分が強くならなければ、人に優しくできません。

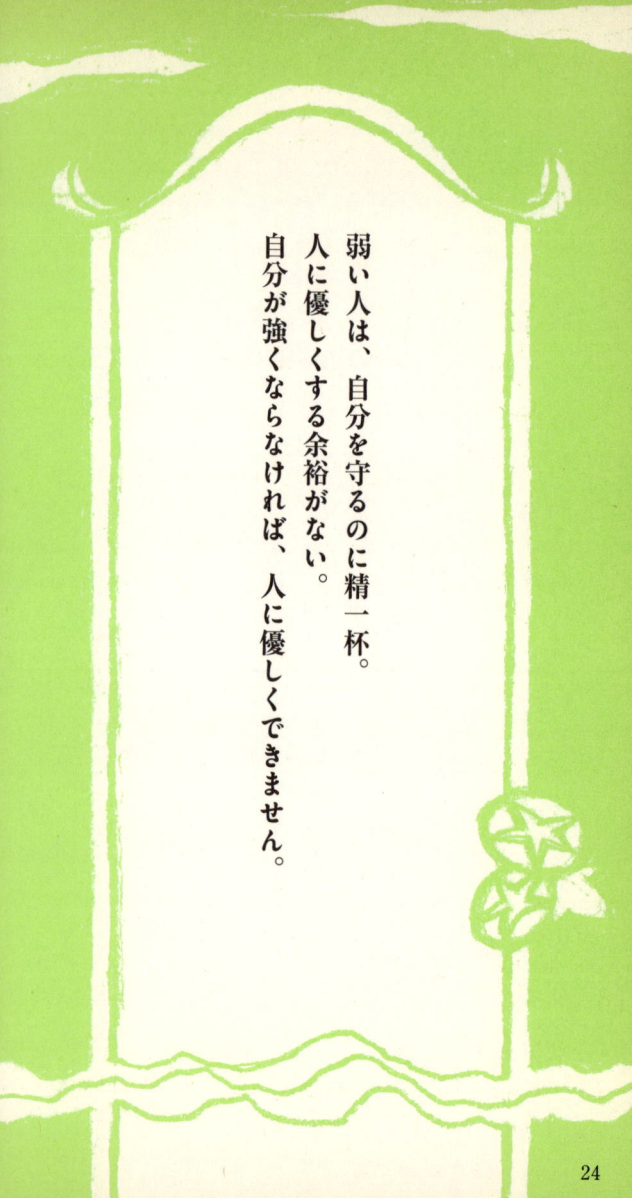

若くして成功した人は、苦労を知らないからのぼせ上がる。
自分の価値基準と、
世間の価値基準がズレていることに気づかない。
人生がうまくいっている時ほど、
自分の立場を冷静に判断して、謙虚《けんきょ》に行動することです。
それでなければ、すぐに落ちます。

窮地《きゅうち》に陥った時は、自分を信じて、自分に負けないこと。
誰も信じられず、誰も信じてくれる人がいなくなった時、
自分一人ぐらいは自分を信じ切ってやらねば
あまりにも自分が可哀想ではありませんか。

人間のエネルギーを信じない人、
「自分にはできない」と思い込んでいる自己否定病の人に、
幸運はやって来ません。
プラス思考のノー天気が、人生のコツです。

怒り、憎しみ、悲しみ、呪い。
マイナス感情は追放しましょう。
うれしい時、楽しい時、幸せな時にだけ感情を活用する——
感情を上手にコントロールできる人が、
一番洗練された人間です。

渦巻き自身には自分の形が見えない。
向こう岸から観察すれば、
同じ所をぐるぐる回っているのが分かる。
少し離れて冷静に物事を見れば、
真実の別の姿が見えるのです。

自分に満足した人は天狗になり発展が止まる。

自分に満足できないから向上心が生まれるのです。

「まだ足りぬ、踊り踊りてあの世まで」

という、ある名優の言葉もあるのです。

他人と自分をくらべて、優越感や劣等感を持つのは、
くだらない他人志向。
大切なのは自己志向。
自分が満足して、自分が納得すればそれでいいのです。

うしろ向きでマイナス思考の人には、チャンスは訪れません。

願いを叶える気迫と、明るい希望を抱き続ける心が
チャンスを呼ぶのです。

「当たって砕けろ」

「身を捨ててこそ浮かぶ瀬もあれ」

自分の小さく狭い「型」にこだわりすぎないこと。
他人の「型」を認め、世の中の、
また、宇宙の森羅《しんら》万象《ばんしょう》に心を開けば、
新しく、大きく広い世界が開けてきます。

仕事でもプライベートでも
行き止まりにぶち当たったら、
もっともっと方法を考えてみる——
それが「哲学する」ということ。
生活の中で、庶民はみんな、哲学をしながら生きていくのです。
それが人生哲学です。 哲学者です。

人間は保護色の生き物。
日頃住み慣れた場所の空気や雰囲気は、
あなたの細胞にしみつき、オーラのように発散される。
インテリアや服装は、
あなたが思っている以上に
大きな影響を及ぼす、重要な要素です。

どんなにたくさんお金があっても、
それだけでは、人は幸せになれません。
お金は、猛毒にも薬にもなる、
両刃《もろは》の剣《つるぎ》なのです。

お金持ちなのに下品な人がいる。
貧乏なのに上品な人がいる。
気《き》魂《こん》の位が違うのです。

マスメディアは胴上げをする。
上げたあとは、必ず落として踏みつける。
有頂天になった時こそ、気を引き締める。
持ち上げられたら注意しなくてはいけません。
高ければ高いほど、落差の痛みは激しいのですから。

妄想しているだけなら、ただの怠け者。バカにされます。
浮かんだアイデアを書き留めて、おもしろく整理活用できれば、
妄想癖も才能になります。尊敬されます。

自由とは好き勝手やっても人に迷惑をかけず、
自分で責任をとること。
放埒《ほうらつ》とは周囲を悪い方向に巻き込み苦しめ、
自分のやりたい放題をやり、責任をとらないこと。
自由と放埒は、似《に》て非《ひ》なるものです。

「信じられるのは、まず自分。
自分を変えていけるのも自分である」
と思うことが第一歩。
他人があなたに力を与えてくれるのを待つだけの人生は、
待ちぼうけになる場合が多いのです。

ニセモノだらけ、嘘だらけの世の中で、
本物になろうとすることは容易なことではありません。
二日や三日で身につくものでもありません。
けれども「そうなりたい」と考えている人と、いない人では、
その人生に天と地ほどの開きが出てきます。

「天知る、地知る、子知る、我知る」
たとえ誰も見ていないにしても、
天の神様や地の精霊が、
そして誰よりもあなた自身が、見て、知っている。
あなたは、あなた自身のために、カッコよくあらねばならない。
それが「誇りを持つ」ということなのです。

自信とうぬぼれは違います。
「自分を信じる」と書いて自信というのです。
それは実力に裏打ちされてこそいえるのです。
実力の裏打ちのない思い込みは、単なるうぬぼれです。

「自分はかくあらねばならぬ」という思い込みは、
自縄《じじょう》自縛《じばく》の落とし穴。
人間は年を追うごとに、世の中も自分のことも見えてくる。
自分の可能性の多大さを発見できるのです。

人の思惑ばかり考えていると、自分が薄まってしまいます。
充足感がないのは、自分が何者かはっきり見えていないから。
大切なのは自己分析と自己の確立です。

人は姿勢が崩れると、感情的になる。
首と背筋を伸ばし、体を左右対称に保てば、
魂のお行儀も立派に良くなり、冷静でいられます。

清き川に清き水流れる。
心が美しい人と付き合いたければ、
まず自分の心の川を磨くことです。

「自分を愛する」とはナルシストではなく、
大らかな愛のムチとアメで自分を育て、慈《いつく》しむこと。
自分も愛せない者が、人を愛せるわけがないのです。

「自分は誤解されやすい」と思ったら、
言葉や態度の表現が足りているか反省してみましょう。
思いが正確に伝わるように言葉を尽くしているでしょうか?

人のために、自分を演じている人がいる。
それがいつかは自分のためにもなってくる。
純粋な魂とプラス思考が、思いを叶える力になるのです。

心は悪魔と天使の戦場です。
心が悪魔に占領されることもある。
しかし、そこでまた、天使が反撃すればいいのです。
その繰り返しで、魂は向上していくのですから。

物のように目には見えないけれど、
自分を磨くために費やしたお金と時間は、
絶対に無駄にはなりません。
その分、必ずどこかで役に立ち、やがて目に見えて、
人生を豊かにしてくれます。

理想を実現したければ、
与えられるのを待たないで、自分から動くことです。
その手始めは、まず良き理解者と、
同じ理想を持つ仲間を作ることです。

最近のスピード時代の人間は結果を急ぎすぎます。
すぐ効果が出ないとダメだと思います。
でも、そうはいかないのが、この世の法則。
「楽あれば苦あり、苦あれば楽あり」
苦しい努力なしでは、楽しい成功は来ないように
この世はできているのです。
嘆くことはありません。

人生がうまくいかない「停滞の時間」は、
将来に備える内面の「仕込みの時間」です。
何かを学んだり、
免許や資格を取る絶好のチャンスです。

人間は二十代よりも三十代、三十代よりも四十代と、
どんどん成長し続けるものなのです。
四十代よりも五十代、六十代と、
長生きすればするほど、
いろいろなことが見えてきて理解力が増し、
人生は楽しく、おもしろくなります。
好奇心、向上心を失わず、学ぶことをあきらめなければです。

2 つらい時のための言葉

人は不幸の数は1から10まで数えたがるけれど、
幸せの数はひとつも数えようとしない。
身近にいっぱいあるのに。——灯台下暗し

辛い思いは、すべてプラスになる。
苦しかったこと、悲しかった黒、灰色は、
いつか必ずやってくる、
輝く虹色を際だたせるためにあるのです。

苦労をした人には、
有形か無形かいずれにしても、
それと同じ量の喜び、ご褒美《ほうび》が必ず来ます。
楽あれば苦あり、苦あれば楽あり。
これが地球の法則ですから。

蓮の花の値打ちは、
泥の中で育っても、汚れず染まらず、
美しい花を咲かせ、保ち続けること。
悩みや苦しみは、自分を鍛えるチャンスです。

口を開けば、
愚痴、悪口、陰口、不平不満ばかりの人は、
そのエネルギーに自分自身が包まれて、
一生、不幸不遇なままです。

苦労が多ければ多いほど、
人の何倍も、何十倍もドラマチックな人生なのです。
史上に残る最高傑作文学の主人公なのです。

苦しんだことのない、天国しか知らない坊ちゃんに、
地獄にいる人を救うことはできません。
不良を更生させるのは、
同じ道を歩いたことがある人の言葉です。
「蛇《じゃ》の道はヘビ」と云いますから。

地位や財産や美貌を手に入れた人は、
それと引き換えにツケを払わされる。
何かを得れば何かを失う――それが「正負の法則」です。

根性、執念、努力、思考力、
貧しい生活の中でしか学べない生活の智恵がある。
これは財産。
苦あれば楽あり——これも正負の法則です。

人から多くの好意を寄せられる人は、
その分、多くの嫉妬もまた受けるもの。
美しく生まれた人には、それがハンディとなるのです。

苦しみを経験するから、
幸せが来た時、そのありがたみが分かる。
苦しむことは、
幸福感の感度を鍛えるための注射なのです。

「黒」を知れば、生成りのものでも「白」く見えます。
苦しみや挫折を知らなければ、幸せは分かりません。
喋《しゃべ》れる、見える、聞こえる、歩ける……すべてが幸せ。
それができない人も大勢居られるのですから。

「孤独」とは物事を深く考える、聡明になるチャンスです。
友達が多いことが、必ずしも幸せとは言えないのです。

好き放題おいしいものを食べて、飲んで、
健康でいたいというのは図々しい。
口から毒を入れれば、病気になるのは当たり前。
これも「楽あれば苦あり」です。

見える、聞こえる、話せる、食べられる……。
身近にいくらでもあるそのありがたみを見逃すと、
不平不満、不幸になる。
不幸の数と同じほど幸福はあるのです。

「負」の部分は人間誰しもが持っているもの。
それをどこまで自分で承知して納得して、
上手に見方、考え方を変えて生きていくかが
上手な生き方になるのです。

黒があるから、白さが分かる。
悲しみや苦労を体験した人ほど、
幸せのありがたみが分かるのです。

愛する人や、ものに、「愛してる」と言える幸せ……。
愛と感謝の心を持てば、それらのために
強く生きるエネルギーが湧いてきます。

おいしくて体に悪いものを食べて病気になるか、
不味《まず》くても、体に良いものを食べて健康でいるか。
食べ物も人間関係も同じです。
「良薬口に苦し」

幸せいっぱいな家庭ほど、失うものも多い。
空の箱には、たくさんものが入るように、
不幸な家庭に育った人は、幸せをたくさん詰め込めます。

仕事とは、娯楽ではないのですから、
楽しむことではなく、嫌な辛いことを我慢すること。
お給料とは我慢料のことなのです。

せめて自分ぐらい、自分を褒《ほ》めて認めてあげないと
自分が救われません。
自分の味方になれるのは自分だけなのですから。
家族でも他人でも皆別の人間なのですもの。

自分には才能がない、生きる資格がないと思っている方へ。
本当にそうでしょうか？
この世には病気ひとつとっても、何百種類も病気があるのに、
それをくぐり抜けて、二十年、三十年、四十年と
生き続けたことだけでも大変な才能。
生きる才能、資格がある証拠です。立派なものです。

貧しい時代の苦労は、お金で買えない貴重な経験。
どんなに辛くても、楽なほうへ逃げない。
人にできない苦労ほど、
いつかしみじみとした楽しい思い出と自信になるのです。

惨めな自分やトラブルを笑い飛ばすユーモアは、先人の知恵。
どんなに辛い深刻な時でも、
明るく生きる、世渡りの高等技術なのです。

辛い、苦しい、哀しい、痛い……。
人間が一番大変な時、何の役にも立たないのは、
大騒ぎするだけの、マイナスの感情。
役に立つのは強く、楽しく、明るく……そっちへ切り替える理性。
冷静に理性で、
「次にどうするか」の方法だけを考えることです。

自分は不幸で不運な人間と思った状況にある時、
ニュース、読み物、インターネットで、より悲惨な人たちや、
自分の知人の最悪な話とくらべるのです。
楽になります。

不安になったり、
憂鬱な気分になっている時は、
未来の取り越し苦労、暗い過去、怒り、恨み、
必ず何かにこだわり続けている時です。
そういう時は忘れ上手になること。
考えないよう努力すること。
心の中からきっぱり追い出してしまうことです。

悪意、悪口を言われたら、柳に風と受け流す。
自分が清らかで優しく毅然《きぜん》としていれば、
送られた悪い念は相手に戻るのです。
「念返し」です。

人生にはどんなにあせっても、
どの扉も開かない時期がある。
泣いても、わめいて落ち込んでも、
開かない時期には開きません。
そんな時は、扉を叩くのはやめて、
心の畑を耕《たがや》し、知性や技術の食糧をためること。
自分が充実した暁《あかつき》に、自然と扉は開きます。

この世には「羨ましい、妬ましい人」は一人も居りません。
苦しみ、悩み、痛みを大なり小なり抱えて居ない人は、
この世には誰一人として存在しないのですから。

世の中には、
人に言えない苦しみや地獄を抱えた人が大勢います。
でも強くしっかり生きている、けなげな人もいるのです。
同じ人間です。貴方もできます。やらないだけです。

人間はいくつになっても、
新たな道へ踏み出す時が来るものです。
それまでの苦労や人生経験は、
その時のための「基本教育」「義務教育」なのです。

自分は何の才能もないダメ人間と嘆く人が居ます。
そんなことはありません。
この世には数えきれぬ程の、
病気、災難、事故、トラブルがあるというのに、
それらを見事にくぐり抜け生き続けてきたのですから。
立派な才能です。

3
自分を磨くための言葉

どんなトラブルが起きても、冷静沈着、微動だにしない。
そんなレベルに達するまで、
人生の修行は続きます。
もうこうなったらきっぱりあきらめて、
覚悟を決めましょう。

人間は、

誰でも最初から完璧な存在として生まれてはきません。
一生を通じて、自分を成長、完成させるために、
この世に生まれてきているのです。

強くて、優しくて、清らかで、正しくて、厳しくて、温かい、
全人格的な人に少しでも近づくために修行するのが
生まれてきた意味なのです。

何かを判断する時、
地球の、世界の、自国の、我が家の、自分の、
これまでの歴史を振り返り、現在と比較してみると、
良否の答えが浮かび上がってきます。

霊は人間と同じです。
むやみに怖がれば、つけ上がる。
人間関係と同様、毅然《きぜん》と接すればよいのです。

悲しくもないのにあふれる涙は、
前世の記憶か他霊の思い。
苦労を重ねた魂の経験が、
豊穣な精神となり、
感受性という財産になるのです。

宿命とは、人生の青写真・設計図。

心がけ次第で設定変更できるもの。

その設計図を自分の意思と力で実現していくのが、運命。

「運命は自分の力で切り開く」ものなのです。

人はいくつものあの世の条件をクリアして、
この世に生まれてくる。
たくさんの中からやっと選ばれ、
この世で魂を磨く修行のチャンスを与えられる。
生まれてきただけで有り難い
――受け難き人身を得たのですから。

神仏に力を借りたい人は
神仏が力を貸したくなる人になることです。
それは、柔《にゅう》和《わ》質直《しちじき》な人です。

お経を百万篇唱えても、心がこもってなければ鼻歌と同じ。
大切なのは感謝の気持ちなのです。

居心地の良い家族は、
前世で家庭に恵まれず苦労を重ねたあなたへのご褒美。
ようやく手に入れた、かけがえのないものだと分かれば、
家族みんなに優しくできます。

悲しんでばかりいると、亡くなった方も成仏できません。
「私のことは、どうぞご心配なく」と安心させる、
良い波動を送ってあげましょう。

人には、いつか必ず別れの時が来るものです。
愛する人を失っても、形が見えないだけで、
いつも心はそばで見守ってくれると思えば、
強く生きられます。
遠距離恋愛や単身赴任と同じです。

どんなに寂しくても辛くても、
守護霊はいつもあなたのそばにいます。
貴方は決して一人でも孤独でもありません。

苦労や反省を積み重ねることは、
成績表の単位が増えたということで、
自分にとっても守護霊にとっても幸せなことなのです。

亡くなった人が夢に出てこないのは、安心しているからです。
補助霊として、あなたのそばにいらっしゃいます。

家族や友人に思いやりや慈悲の心を持てる人は、
守護霊からの慈悲の心を得られる人です。

この世は魂の学校教育の場。
どんな人生もきちんと生きなければ
勉強に来た意味がありません。
どんな幸せも、どんな不幸も、
どんな波瀾万丈もきちんと生き抜くのが、
この世に生れ落ちた私たちの義務教育なのです。

年齢は単なる数字。性別はどちらでも同じ人間。
収入、肩書き、職種など、
その人間の本質とはまったく関係ありません。
本質と関係のある一番大切なものはただひとつ、
良い人間であるかどうかです。

目の前にいる人を救うために、どうすべきか考える。
神様の目をまっすぐに見つめて胸を張れる生き方。
それが揺るぎない信念のひとつです。

神様と人間のあいだに立ち、中間の卸問屋をやって、
こういう拝み方もありまっせと言っているのが宗教。
神仏に対し、お力をお与えくださいと仰ぎ、
日々の生活の中、
自分自身も神仏と同じレベルの魂の人格にまで
高めていく作業が信仰。
宗教と信仰の違いを見極めなければいけません。

愛はインスタント食品ではありません。
盆栽を育てるように、
五年、十年とじっくり苦労して育て上げるもの。
それができれば、
愛はやがて、ひとまわりもふたまわりも大きい、
「無償の愛」に育ちます。

恋愛は夢。
結婚は現実。
結婚式は夢との決別式。
そう覚悟しておけば、乗り切れます。

「将来面倒見て欲しいから」
「自分ひとりでは淋しいから」と自分本位の理由で、
子供を欲しがってはいけません。
子供のためだけを考え、
与えるだけで、見返りを求めない覚悟が必要です。
そうすれば、それが自然と自分のためになり、
知らぬ間に見返りがやってくるのです。

恋愛の八方美人は、
やがて自分の首を絞めることになる。
その気がないなら、はじめから冷たくするほうが、
相手のため、自分のためにもなるのです。

私に無償の愛を教えてくれたのは、
私を愛してくれた人たちでした。
彼らがいたから、私は信じられます。
絶対的な大きな愛、絶えることのない愛。
そんな無償の愛が、この世に存在するのだと。

空気も水も木も土も火もみんな
命のある生き物です。
黙って私たちを養ってくれています。
時々は感謝の言葉をかけましょう。

戦前の日本の母親は、みんな貧しく、
炊事も洗濯も掃除も全部手仕事。
何人も子供を産み、育て、少しも弱音を吐きませんでした。
それが当たり前だったのです。
それにくらべると、今はすべて電化されて、天国です。

子持ちだと思われたくない。独身だと思われたい。
そんな女性は母親になる資格がありません。ただのメスです。
「お母さん」が似合う自分を誇らしいと思う人は、
なんて素敵なんでしょう。

完全な男を求めるのは、身の程知らず。
自分に欠点があるように相手にも欠点がある。
傷もの同士だと思えば楽なもんです。
当たって砕けましょう。

恋愛がうまくいかない時は、良い仕事が来るもの。
何もかも幸せを全部手に入れようとしたら、
命と引き換えです。

男はロマンチストで神経が繊細。
女は現実的で神経が図太い。
だから神様は女から腕力を取り上げ、
男に腕力を与えたのです。

人に好かれたいと思うなら、
いつも微笑んでいればよろしい。
微笑みが嫌いな人はいませんから。
初めは無理した作り笑いでも
習慣づければ自然になります。

いつまでも子供でいたい……。
無邪気な男や女は、無責任で楽しくて魅力的。
でも、いずれそれでは困る時が来る。
腹をくくってきっぱりと、
自分の幼児性を捨てなければいけない時が来るのです。
それができない人は、末は悲惨です。

つかみ所のない自分を楽しめる人、
茫漠《ぼうばく》とした男性はおもしろい。
面倒くさがりでも、移り気でも、
同じ波長の女性にとっては、楽しくて素敵な人です。
〝捨てる神あれば拾う神あり〟

今は男たちも裃《かみしも》を脱ぎ捨てて、本音で生きていい時代。
そんな中でキラリと光るのは、
封建制度に代わる価値観を自分の手で作り上げた男たちです。

コンプレックスの多い人は、
悪い男や女に振り回されやすいもの。
「私に優しくしてくれる人はこの人しかいない」
と決めつけないで、
見極めを大切にしましょう。
それでなければエライことになりますよ。

「私はブスだから、ああだから、こうだから」

恋愛をあきらめて、ひがんでいるナマケモノ。

探す努力が足りないだけ、

「下手な鉄砲も数撃ちゃ当たる」

「破《わ》れ鍋《なべ》に綴《と》じ蓋《ぶた》」

「十人《じゅうにん》十《と》色《いろ》」

もの好きはどこにでもいます。

孤独な人は、愛情に臆病で苦手。
初めは多くの恋愛映画などで疑似体験をさんざん味わって、
しかる後に本物を体験してみてはいかが？
悪くありませんよ。

歳を取れば取るほど、世の中はおもしろくなる。
いろいろなことが理解できるようになるし、
次から次へと新たな発見の連続。
長生きはするものです。

「悩み苦しみがない人生」

なんて素晴らしいんでしょう。

でも、生き甲斐と、やる気も失《な》くなります。

そして、ボケます。

4 美しく生きるための言葉

美と文化は、心のビタミンです。

美意識というのは、生活必需品で、
ぜいたくなものでも、
生きるために余剰なものでもありません。
美意識こそが世界を活性化させる、
非常に必要不可欠な原材料であり、原動力なのです。

いい本を読んで、質のいい音楽を聴いて、スポーツをして、
そして美術館に行ったり博物館に行って、
いい文化をふだんから仕入れていると、
その人となりがそのまま出てくるのです。

人生において、何らかの決断をし、
前に進むためには、理智が不可欠。
文化が心のビタミンならば、
理智はエコ燃料です。

洗練とは、感情や本能、欲望を理性でコントロールできること。
その自己抑制を立《たち》居《い》振《ふる》舞《まい》、衣食住など生活に活かすこと。
知性・教養で自分を磨くことです。

たとえば竹久夢二などの絵があれば、
一人ぼっちの部屋でも温かい。
生活の中、美しい文化があれば、
人生に潤いが生まれる。
芸術は心のビタミンです。

部屋に花を飾り、
優しく静かな音楽を流し、
美しいインテリアに囲まれて暮らしていれば、
その波動で人は美しくなります。

言葉が足りないのは、本を読まないから。
美しい言葉に触れ、
素敵な表現を自分の中にストックしましょう。
意思の疎通は、まず「言葉ありき」です。
言葉の豊富な人は天下無敵です。

精神のバランスが崩れるのは、
機能性・利便性・経済効率、
そればかりに囲まれているからです。
精神の健康を保つのは美意識なのです。
生活にロマンの美がない人は壊れやすいのです。

現代はコミュニケーションの時代。
かつてのパリのように、カフェやサロンに集い、
そこで育んだ人間関係から
新しい文化や芸術が生まれるのです。
日本にも昔はありました。また作ってみませんか？

自分にも他人にも厳しい直線的な方へ。
時には優しさやロマンも必要では？
そんな時はピンクをお召しになると良いですよ。
ピンクは愛らしい安らぎの色なのです。

黒、ネズミ色、灰色は、
不運、不吉、不幸、不安、悲、憂鬱の色。
レインボーカラーはどれも幸運、平和、喜びの色、
ぜひ衣食住に活用しましょう。

人生はロマン。
自分は不幸だ負け犬だと落ち込み、あきらめ、
ふてくされるのではなく、
試練を与えられた物語の主人公だと思えば、
ひがまず、人生をエンジョイできます。

妄想癖や空想癖も、
他人に迷惑をかけず自分をリフレッシュできるなら、
ひとつの財産。
自分を癒す方法は、人それぞれです。

真に美しく、おしゃれであるには、
右見て、左見て、人と自分を比べる他人志向型の根性を
改めなくてはいけません。
そんな右向け右の全体主義はもう古いのです。
本当におしゃれな人は、みんな自己志向型です。
顔も姿もみんな違うのですから。

美しくなりたいのなら、
まずは生活から美しくすることです。
ファッションや姿や形ばかりではなく、
生活、日常のふるまいが優雅で優しくあってこそ
初めて美しい人になるのです。

装飾過多、大いに結構。
中身があり、美しければ、どんどん目立ってもいい。
「いったい何だろう」と思わせる遊び心と、
それが許される〝個〟を確立していくこと。
それがおしゃれになるということです。

本当の「かっこいい」ということは、
礼儀作法がきちんと身についていて、
言葉づかいが美しく、
優しい思いやりのある人のことです。

自分の欠点を美点に変える。
つまり自分探しから始めて冷静に分析すること。
そうすると、
ありのままの自分のありがたみも分かってきます。

美人でツンとした顔より、
ブスでもニコニコした顔のほうがよほど魅力的。

お洒落《しゃれ》とは
「これでいいのよっ!!」と強烈な気迫でするものです。
本当にお洒落な人は、自分自身がブランド。
他人のブランドに頼りしがみつく必要はないのです。

色気とは、性的なものや、仕草や形ではなく、
精神的に相手を包んであげる上品な優しさのことです。
それが滲み出てきた「気」が色気です。

色気の正体は、〝上品な優しさ〟。

「この女はオレに恥をかかせない」

「この男は絶対に私に恥をかかせない」

そう相手に思わせる包み込むような優しさが、
色気の本質なのです。

衣服を着て後ろ姿であってもそれは漂うものです。

本当の優しさを持つ人は、
人だけでなく物を扱う仕草にも優しさを発揮するもの。
その仕草や表情、たたずまいはおのずと
優雅で美しいものになるのです。

財産、知性、知名度……

何もない不完全な女ほど、男に対する欲求が多いもの。

「殿方《とのがた》は美しければそれだけで結構」

そう言えるのが一流の女です。

おのれを知ることからおしゃれは始まります。
「これは私らしい」というものを選ぶにしても、
自分の長所短所をすべて知っていなければ選べません。
それが自分らしい生き方の始まりにもなるのです。

素敵な衣服を選ぶように、
素敵な言葉を選んで使いましょう。
ネックレスやイヤリングをつけるのと同じように、
優しい言葉を身につけましょう。

わが身をつねって、人の痛みを知ろうとしない人、
想像力のない人が犯罪を犯す。
子供の頃から子守歌を聞かせ、詩や俳句を読ませる。
そうやって想像力を養うことが、
犯罪を未然に防ぐことになるのです。

世の中は「言葉」で成り立っています。
人間性を正すには、まずは日常から、
基本の「言葉」を正すことです。

すぐ「キレる」のは、
自分の気持ちを表現する、
適切な言葉がすらすらと出てこないからです。
たくさんの本を読んで言葉と知識が豊富にあれば、
ストレスはたまりません。

いつも心象風景を明るく、楽しく。
ロマンチックに夢を描き、
物語の主人公になって生活する人に、
幸運は寄って来たがるのです。

言葉が下品で汚い人は、
人生の何もかもが、
下品で汚いまま終わります。

情報に惑わされず、自分なりの視点を持つには、
世の中を多角的に、また俯瞰《ふかん》で見ること。
そのために必要なのが、教養と冷静な知性なのです。

昔は生活の中にムダがたくさんありました。
ムダな時間、ムダな会話、ムダなもの……
それらはすべて〝必要ムダ〟。
ムダと関わるだけで
人間はあわただしい日常から身を守り、
心や生活の潤《うるお》いを保っていたのです。

古い歴史、
日本人としての美しい言葉づかい、立《たち》居《い》振《ふる》舞《まい》、
すべての教養を修得し、美意識を育てたうえで
新しいものを取り入れる好奇心。
心の柔らかさも忘れない。
これこそ、毎日を心地よく生きるコツなのです。

お金や物ではなく、
品性があるかどうか、
自分に対する誇りと威厳と謙虚さを持っているかどうかで、
人間の勝負は決まるのです。

今の世界に最も必要なのは上品な文化です。
エレガントで優しい文化です。
それらに囲まれているからこそ、
人は自分にも他人にも優しくなれるし、
寛容になれる。
そして、和《なご》やかな社会にもなれるのです。

人間は骨董品のタンスと同じ。
手間暇かけて作られたものは
時間を経ても愛され続けるのです。
手間暇かけて磨き上げた自分は
本物になり長持ちします。

なぜ花は優しいのでしょう。
見る人を慰めて、何も見返りを求めない。
ただひたすら献身的だから、花は美しいのです。

はかなげで、たおやかで、
洗練された日本の美は、平和な世界にふさわしい救世品。
こんな不安な時代だからこそ、
和の美意識を大事に活用してほしいのです。

どこの国にも良いところはあるけれど、
海外に出ると、日本の居心地の良さが分かります。
世界の芸術家が認める日本の文化、洗練された美意識は、
日本特有のものです。大切な資源です。

小さいもの、弱いもの、いたいけなもの、
純粋なもの、無垢なもの、愛らしいもの。
こうしたものを愛でる感性は、私たち日本人の財産です。
その感性は、平和を愛し自由を愛する精神と、
手をつないでゆくのです。

かつて戦前まで、ジャポニズムとして世界中から尊敬され、
千数百年続いた日本文化を今こそ復活させねばなりません。
その第一が「恥と誇り」、
「武士は食わねど高楊枝《たかようじ》」の精神です。
衣食足りたのですから、次は礼節を知る番なのです。
その「美」の「見識」こそが日本唯一の資源なのですから。

今の日本は心の栄養失調。
政財官界の人間の手は、叩き合いの攻撃ばかり。
心の豊かさを取り戻すために力を合わせなければなりません。
和やかに撫で合い手をつなぐ、
そういう「手」の使い方もあるのですよ。

軍隊を作って戦争したい政財官界人たちは、
私たちの愛する父、兄弟息子、孫、恋人を戦場に送る前に、
たとえ六十、七十、八十歳であろうと、
言い出しっぺの責任を取って
自分たちがまず鉄砲を持って、第一線に戦いに行くべきです。

戦争とは、
夫が、ボーイフレンドが、我が子が、孫が……
愛する人を理不尽に奪われること。死ぬことです。
一生会えなくなることです。

5 人と上手につきあうための言葉

人間関係で一番上手な付き合い方は、
「腹八分」ではなくて「腹六分」。
夫婦、恋人、親子、仕事関係……
すべて「腹六分」でお付き合いを。
親しき仲にも礼儀あり。
馴れ合いはいけません。争いのもとです。

人の悪口を言えば、自分もまわりも不愉快になる。
嫌な人は、どこにでもいます。自分もそうかも知れません。
とにかく〝見ざる、聞かざる、言わざる〟が無事のもとです。

人間関係の基本は腹六分。
どんなに愛していても相手の負担にならないように心がける。
それが長続きの秘訣です。

似た者同士がいがみ合うのは、
自分の欠点を相手の中に見つけるから。
家族でも他人でも、一定の距離を保ち、
相手の人格を立て、自然体で付き合えば楽になります。

職場でも、家庭でも、
付き合いはたしなみ深く気品を持って、
良い人間同士でいましょう。
「君子《くんし》の交《まじ》わりは淡《あわ》きこと水《みず》のごとし」

嫌な思いをすると、やり返したくなるもの。
でも、難しいけれども、優しさでやり過ごせば、
自分が気持ちいいのです。
自分の方が大人物に思えますから。

人を恨むと、
同じだけマイナスのエネルギーが返ってくる。
〝人《ひと》を呪《のろ》わば穴《あな》二《ふた》つ〟
嫌いな人でも、どこか良いところがあるはずです。
「あれも人の子」です。

人は親しくなるほど、互いに図々しくなる。

タメ口になり、相手の心に土足で踏み込むから喧嘩になる。

「敬語」は、馴れ合いを防ぐ言葉。

「親しき仲にも礼儀あり」

それが、いつまでも仲良くする秘訣です。

この世は、芸能界も、会社も、サークルも、
幼稚園のＰＴＡも、成分はみな同じ。
悪意、ねたみ、そねみ、ひがみでできています。
そういうものだと割り切っているだけで、
人間関係はとてもラクになります。
他人が発するイヤミな言葉や態度、
そんなものはサラリと流して、何気なく
平然と泳いでいけるようになります。

ふだん人を泣かせてばかりいる人は、
死んだ時には笑われ喜ばれるのです。
ふだん人を喜ばせ笑わせている人は、
死んだ時には泣かれ悲しまれるのです。

「いじめ」をなくすにはどうしたらいいか。
「いじめ」という軽い感じの言葉をなくせばいいのです。
「暴行」「虐待」「殺人」「犯罪」という重い言葉を使えばいいのです。
「いじめ」はれっきとした犯罪なのですから。
「いじめっ子」は「犯罪者」なのです。

いじめはバカの恥知らずの犯罪行為。
そんなものに負けて
自殺をするのは骨折り損のくたびれ儲け。
簡単に生まれ変われるわけではないのです。
戦って強くなるためのチャンスです。ねじ伏せましょう。

自分に思いやりが足りない人は、相手に思いやりを求める。
こういう人は、誰からも思いやりを得られません。

すべてに恵まれ成功しているように見え、
近寄り難く思える人も、
悩み痛み苦しみのどれかを抱えているのが当たり前。
思いやりの心で観れば、相手の本質が見えてきます。
気の毒になります。

思いやりは想像力。
過干渉、過保護は止めて、子供自身が自分に対して
経験と感動を与える子育てが、
思いやりのある子供をつくります。

遊んだり、病気をしたり、ケンカしたり、泣き、笑い……
人生の思い出の積み重ねが、家族をつくっていくのです。
プラスもマイナスも全部ひっくるめて、
その思い出が家族なのです。
血縁ではありません。

感情にまかせて怒りまくる親より、
怒りを抑えて叱る親の姿に、子供は納得するもの。
子供を教育するには、
まず親が感情をコントロールできることです。
それができない親は恨まれバカにされます。

親をいつまでも若々しく長生きさせたければ、
ある程度の心配と苦労をかけること。
「私が頑張らねば」と、生きる気力を持続させますから。

子供は社会の鏡。
偏食、イライラさせるノイズや音楽、娯楽、
凶器が似合う服装や街並み。
社会環境の複合的な原因が、
大人、若者、子供たちの情緒を破壊するのです。

人を信じられなくなったら、
自分は信じられる人間かどうか反省してみましょう。
そして人からも自分からも信じられる人間になればよいのです。

生きている間には、関係によって、
照れくさくて言えないことがあります。
亡くなって、初めて分かる人間同士の愛があるのです。
せつないものです。

夫婦の相性は、人それぞれ。
同じ目的を持ち、同志のような関係の夫婦は、
恋愛気分はなくなっても、
深い絆で結ばれてゆくものです。安定します。

親に対する感謝の気持ちは、親が亡くなったあとでも届きます。
たとえこの世に姿は見えなくても、
親子の心の交流を深めることができるのです。

「何かしてあげる」と自分勝手な愛情を恩着せがましく押し付けるのは、自分がかわいいだけ。本当の愛とは、押し売りではなく控え目に、さりげなく尽くす、無償の愛です。

離婚なさる方々の言葉は、
たいてい「性格の不一致」。
これはおかしなことです。
もともと別の人間同士。性格が不一致なのは当たり前。
むしろ性格が同じというほうがおかしいのです。

照れくさがりの男は、妻と向き合うのは恥ずかしいもの。
悩みが深刻になる前に、気づいてあげることです。
愛していないわけではないのですから。

子育ては塩加減、砂糖加減に味加減、
手綱加減に、手加減、湯加減です。
大変です。

慈父　悲母。

慈父は心を鬼にして突き放す厳しさ。子供の自立のため。
悲母は命と引き換えても子供を守る愛情。子供の命のため。
二つを足して、「慈悲」が生まれます。

叱ることと怒ることは違います。
「叱る」とは、怒りの感情を抑え、
子供のためになることを（愛情）、
子供が理解できる言い方で（理性）説得すること。
子育てに必要なのは、愛情と理性です。

親が子供に恥ずかしくない誇りある生き様を見せるのが、
何よりの教育。
子供は「親の背中を見て育つ」のです。
親は子の鑑《かがみ》であり、子は親の鏡《かがみ》なのです。

親が悪口を言い合えば、
そのまま子供に、転写されます。
親が暴力をふるえば、
子供も暴力をふるいます。
——三つ子の魂百まで。

容姿も、性格も、才能も……子供たちは兄弟でも千差万別。
どんな子供が生まれても、大切なのは、
平等にむらなく愛し続ける覚悟です。

親といっても、凡夫のひとり。
たまたま、何十年か先に
修行のためにこの世に生まれてきた人間の一人。
親と子は、人生修行の先輩・後輩。
基本的に対等な修行者同士なのだと心得ましょう。

お父さんの欠点ばかりが目に付くのは
父親としてだけ見ているから。
お父さんも一人の人間。
子供の頃から、これまでどんな辛い思いをして生きてきたか、
その人生を想像してごらんなさい。
許せる部分が見えてきます。

親は、自分たちがいなくなっても、
子供がひとりでも生きて行けるように、
涙を飲んで厳しくするのも愛情です。
——可愛い子には旅をさせよ。

「俺が稼いだ金だから、俺だけの権利だ」。

父親のそんな理屈は通りません。

自分の意志で選び創った家族です、責任があります。

おのれの有形無形を分配する義務があるのです。

「父の座布団」は
お父さんのための座、「特別な場所」。
父親がいなくても、存在感を示すことができる大切なもの。
家族の秩序は「獅子の座布団」から始まります。

単なる血縁関係だけでは家族とは云えません。
手を取り合い乗り切って来た、喜怒哀楽の思い出を、
共有してきた仲間が家族なのです。

子供が幼い時は親が世話をする、
親が年老いたら子供が世話をする
役割の交代。
それが人間の順番、自然の原理です。

働く能力があるのに働かない人には、
施《ほどこ》しをしてはその人のためになりません。
相手が将来、自立しなければならぬように、
今は助けないことが慈悲なのです。
「働かざるもの喰うべからず」

無事に長く付き合いたいなら、
お互いの人格を尊重して、干渉せず、馴れ合わないこと。
愛さえあれば、程よい距離感が長く付き合う秘訣です。

皆が喜んでくれる自分を無理に演じようとするより、
人目を気にせず、素顔の自分を自然に表現して
喜ばれる自分になれば楽になれます。

貴方の鋳型《いがた》に合わせて作られた人はいない。
出っ張ったり、引っ込んだり、理想に合わないのは当たり前。
別の人間と暮らすのは「我慢くらべ」です。
相手もそう思っています。

同性にしても、異性にしても、世の中には敵がいっぱいいます。
けれども、剣と剣でやり合ったら、どちらかが傷つきます。
剣でかかってきても、たもとでクルッとくるんで、
優しいほほえみを返すほうが強いのです。

身体に悪いものがおいしいように、
悪い男女ほど魅力的。
「色男」「色女」のつもりが、
「貯金箱」にならないように。
貢がなくても付き合える、そんな男女を選ぶことです。

見えるものを見ない。
見えないものを見る。
外見よりもその人の心がキレイかどうか。
これが人を見る目安になります。

容姿・容貌・年齢・性別・国籍・肩書き、
それらをすべて消した、そのうえで、
相手をひとつの魂として見つめる訓練をしましょう。
本性が判ります。

美輪明宏プロフィール

一九三五年、長崎市生まれ。国立音大付属高校中退。十七歳でプロ歌手としてデビュー。一九五七年「メケメケ」、一九六六年「ヨイトマケの唄」が大ヒットとなる。一九六七年、演劇実験室「天井桟敷」旗揚げ公演に参加、『青森縣のせむし男』に主演。以後、演劇・リサイタル・テレビ・ラジオ・講演活動などで幅広く活動中。一九九七年『双頭の鷲』のエリザベート役に対し、読売演劇大賞優秀賞を受賞。

美輪明宏公式携帯サイト『麗人だより』
http://www.reijindayori.jp/

挿画　竹久夢二

「木に寄る女」　静岡市美術館　4
「少女」　所蔵先不明　58
「女学生の一日」　竹久夢二伊香保記念館　94
「こども」　竹久夢二伊香保記念館　136
「カフェーの女」　宮城県美術館　184
「初時雨」（部分）　夢二郷土美術館　233

花言葉《はなことば》

二〇一〇年一〇月一日　第一刷発行
二〇一一年七月二〇日　第七刷発行

著者　美輪《みわ》明宏《あきひろ》
発行者　山崎浩一
編集　藤本真佐夫
発行所　株式会社パルコ　エンタテインメント事業部
〒一五〇-〇〇四二　東京都渋谷区宇田川町十五ノ一
電話　〇三・三四七七・五七五五
http://www.parco-publishing.jp/

印刷・製本　図書印刷株式会社

ISBN978-4-89194-835-1　C0095